시와

죽은 시인의 사회 깨우기

박강현 시집

공감

  왜 시를 쓰느냐고, 왜 굳이 책을 내고자 하느냐고 스스로에게 물음을 던져본다. 이럴 때면 어떤 낯선 자가 불쑥 나타나서 '구원받았느냐'고 물었을 때 받는 느낌과 비슷하게 오는 감정과 다르지 않다.

  당연한 것을 갑작스런 질문으로 받았을 때의 다소 당황함과 어떤 도전 같은…

  시를 쓰고 살면서 항상 영화 〈죽은 시인의 사회〉(1989년 상영)를 머리에 담고 산다. 그리고 묻는다. 죽어버린 사회에 대한 대안이 왜 '시'였는지, '시'가 억압과 통제된 사회를 어떻게 구출할 수 있을지에 대한 물음.

  인간이 잠시 세상에 살다 가면서 인생의 목표가 먹고사는 문제처럼 가시적이면 그 한계는 인생 절반도 살기 전에 도달할 수 있다. 그러나 그 목표가 시와 낭만 그리고 사랑이라면 먹고사는 문제는 삶의 본질적인 목표에 도달하기 위한 수단에 불과함을 알 수 있을 것이다.

낭만과 사랑에는 시가 있어야 하고, 시에는 운율이 있어야 한다. 운율은 군중들이 함께 부를 수 있는 노래가 되고, 그 공감과 합창은 우리들의 자아와 사회를 바꾸는 힘이 되지 않을까? (시의 본질)

　물론, 이번에 발간한 시집이 위의 조건을 모두 갖췄다는 것은 아니다. 다만 시가 주는 자아에 대한 질문과 발견, 무한한 창작의 자유를 통해 공감하도록 해보려고 노력했고, 주변의 소재나 이야기(신재생에너지, 벽선생, 스롱 피아비, 새집 등)를 통해 시로 만들어 봤다.

　책으로 내놓은 시(집)은 독자들에게 시인에 대한 이해와 공감하는 힘으로 그 기능과 소임을 다해야 한다고 본다.

목차

1부
시의 역학

6부
기념·축복

1부

시의 역학

죽은 시인의 사회

시인들이 죽었다
죽어버린 시인의 사회

언제부턴가 운율이 사라져 버린 시
단절된 호흡에 광장과 공감할 수도,
노래처럼 낭송할 수도 없는
숱한 말(言)의 무덤에 묻혀 버렸다

나(我)의 본질을 찾아가는 여정도
자유에 대한 외침도
시대에 대한 어떤 저항도 없는
죽어버린 시, 시인들

밀폐된 곰팡이 숲에서
시가 병들어 가는 줄도 모르고
오직, 메달만을 위하여
내밀 모가지만 단련시키는 수련생들

누가, 무엇이 이렇게 길들여놨을까
원색보다 유행에 익숙한 세상
다른 색으로 나뉠 수 없는 그 무엇?
나는 누구, 자아보다 모방의 시대

갈수록 숙련된 개인기에

점점 멀어져간 군중들
이유 없는 경기에서 사라진 갈채
"그래, 괜찮아" 독백의 빈 잔

죽은 시인의 사회는
자아를 찾지 못하고 덤비고 보는
인간들이 무너져간 슬픈 사회
아니었는가?

세계로 통한다는 인터넷 창 닫고
군중 속에 그 외로움을 풀어보면 어떨까,
다장조 풍의 시의 언어들이
세상사와 함께 노래로 울려 퍼지면

죽은 시인들이 신선처럼 다시
살아나지 않겠는가

250818 영화, 죽은 시인의 사회, 영감

모자이크

국민학교 미술 시간,
종이를 뜯어 풀을 발라서
황무지처럼 누워 있는 도화지에
붙여보는 시간이 있었어

세상에 이렇게 쉬운 일이 있을까 싶어
쓸모없는 땅을 개간하듯 붙여 나갔지
시간 가는 줄 모르고 매달렸던 확장,
그때 익혀진 단순함의 미학을 안 것 같아

모양을 넣어 보았어
직선, 곡선, 원, 높낮이가 있는 입체의 각
나는 작가, 세상엔 '틀림'이란 존재하지 않은 깨달음
내가 주인인 작품 세계에 대한 확신이 있었지

도시는 직선 다음에 곡선이 순서 같아
직선 따라 굵고 각진 육면체를 배치하고
금처럼 빛난 리본을 매다니
화려한 스펙을 목에 멘 사람들이 오더라

그다음, 저마다 오는 순서와
또는 키 높이 대로 곡선을 따라 붙여보는
생존형 자가 예술가들
스스로 붙이는 일에 간섭하지 않았지

꽉 찬, 도화지를 유리 상자에 넣고
조명등 밝히니 눈부시게 빛나는 도시
야경이 화려할수록 그늘은 짙고
탈출하지 못한 슬픔이 고여있는 도시

종이 딱지를 뜯고 붙이는 일은
너무 쉽고, 신나는 일이었지만
삶이란 녹록하지 않아서
벽돌 한 장 옮겨붙이는 일이 쉽지 않았어

시간의 끝을 알리는 종소리는
꿈에서 현실로, 현실에서 생존을 깨우는
비상벨이거나, 알람 같은 소리

더는 팽창할 수 없는 도시는
어느 틈새라도 막상
내 아이 이름 한 점 붙일 곳이 없어

도시의 밤은 누군가 한땀 한땀 붙인 딱지,
노고의 흔적이 위대함으로 빛을 발하는
모자이크, 그 생체인 것

250510 서울 야경

적색 신호등

신이 인간에게 내린 선물 중에
'자유의지'란 게 있다
무한한 자유를 누릴 권한 내에서
내 의지대로 하고 싶은 자유

자유, 거친 파도 같은 것 아닐까
거침없이 달릴 수 있는 무제한의 상징
또는 새처럼 나를 수 있는 창공이나
직선상에 뻗어있는 푸른 신호등 같은

적색 신호등, 통제의 존엄
원죄의 본능처럼 따끔하게 찔린 양심에
브레이크등처럼 반응하는 제어의 습성
스스로 작동하는 적색 자유의지 같은

적색이란, 기다림 그 순간에도
심장처럼 뛰게 하는 생존의 메커니즘
그 시스템의 작동은
미숙함과 그 이면의 설렘까지 포용한다

사람과 삶의 도구들이 엉클어진 도시는
주황, 적색, 푸른 삼색 신호의 범주를
종일 맴돌다 결국 탈선하지 못한 채
적색에 잘 길들여진 자유주의자들이 모여 산다

적색 시대, AI에 먹힌 신호체계
인간의 신들은 네비를 세워 자유를 강탈하고
신의 명령에 길들어진 도시는
의지마저 실각한 적색 지대, 적색 신호등

250515 신호대기 중

길 위에서 행복을 말하다

길 위에서 행복을 말한다

행복이는 내가 생각했던 것과
다른 모자를 쓰고 있었다

나는 행복에 대한 이론을 정립하고자
했던 적이 있었다

"그건 행복이 아니야
그냥 좋은 상태지, 어떤 포만감을
행복이라 말한 것일 수도 있어
만족함 같은"

"불행에 대해서는 어떻게 말하지?
네 이름과 다른 일치에 대해서는"

행복은 단순한 이론이 아니라고
길은 말한다

매 순간 발길에 부딪히는 작은
돌맹이들이 이어지는 길이라고

알겠어, 행복은 정의가 없어
불행의 상대적인 것일 수도 있지

행복이는 죄명도 모를
형벌적 늪을 지나왔을까, 아직까지도

몸은 무참히 망가지고
행복하기 힘든 피폐해진 영혼

"니 이름이 행복이라서 그래,
운명은 시샘하는 법이야"

누구나 쫓았을 행복의 길,
불행 이면에 더욱 선명하게 존재하는

너는 행복을 찾겠다고 불행과
맞서 싸우고,

나는 행복을 정의하겠다고 빤히
쳐다보고 걷는 공존의 슬픈 길

250608 동창 행복이

파 묘

"파묘요!!"

첫 삽을 뜨기 전에 파묘꾼이
분봉을 탁! 치면서 외치는 말이다

파동,
지면에서 저변에 닿는 울림

얼마나 놀랐을까? 아님
무수한 시간들을
익숙한 이름과 함께 드리워질 빛을
기다리고 계시진 않았을까?

얇게 덮인 명정 아래
가지런히 누워있는 골격의 형상
기억 속 이미지를 붙이니, 맞다!
내 할머니, 이당지 씨

번쩍 일어나, 내 강아지 왔는가!

흙냄새 품은 채로 달려 나와
반갑게 반길 것만 같은 만남의 순간,
아버지는 저기 길가에 서서 계신다

복수(複數)의 이별

육안에 존재할 수도 있었던
중첩적인 공간에서
미시의 세계로 떠나실 빛의 여행

말로 성립되지 않은 공존

이 땅에 더는 존재하지 않으므로
천국에 존재한다는 얽힘의 이론이
영원한 이별이 아님을 증명한다

다시, 환송의 재의식

화장터에서 받아 든 것은
국화꽃 닮은 입자들이다, 지상에서
완전한 이별을 고하는 흩날림

241003 할머니 묘 이장 날

양자역학

존재하는 모든 것은
원자로 구성되어 있다는 미립자들의
변화와 움직임의 역학 관계

끌림이 중력 같은 거라면
우린 어떤 우연으로든
중첩되어 있고 얽혀 있을지도 몰라

서로를 느낄 수 있는 것은
두근거림 같은 파동이 존재한다는 거야
입자와 같이 보이는 것이 인연인 거지

아직도 모르겠어
뭔가가 얽혀 있는 듯하여 심장은 뛰는데
파동의 주파수를 찾을 수가 없어

보이지 않은 미립자들의 세계는
상상 속에 있는 미지의 세계인지도 몰라
아무것도 모르겠어, 불확정적이야

오늘도 너와 나는
무한한 가능성을 꿈꾸고 사는지도 모르지
파동의 주파수를 찾으면서 말야

사람들은 몰라, 역학의 끝을
살아있는 모든 것이 영원하다는 것을
땅과 하늘이 얽혀 있다는 것을

KTX에서 흔들리는 사람들을 봤어
위치와 속도가 공존하는 것처럼
조화롭게 균형을 이루며 살라고 말해

상보성의 원칙처럼……

250208 이루어질 수 없는 사랑

탄소중립

인간에겐 원죄설이 있어
태어난 것 자체가 죄라는 거지

조상 탓이래
아담과 하와의 욕망의 반추 같은

이해할 수 없는 일이지만
욕심을 알면서 깨달은 게 있어

존재한다는 것은 잠열처럼
인류에게 피해를 끼친다는 것을

누적된 죄의 크기는
지구를 달구고 오존층도 뚫어버렸지

죄인 맞잖아
인위적인 자원(석유)은 쓰지 않아야 해

파헤치는 것은 범죄야
유혹은 항상 달콤함에 있어

해 바람 물처럼
주어진 것으로 살아야지

중립은 자연스러움을 말한 거야
신의 은혜에 감사하며 살아가는 것

탄소중립은
원죄를 회복하는 회개와 같은 거야

마이크로 그리드

우리들 작은 힘으로도
살아갈 수 있는 거야

너는 태양으로 나는 바람으로
우물처럼 만나 얽힌 이웃들

하늘에 순응하며
서로 이어주고 함께 모으며
공평하게 나눠 쓰는 세상

작지만 부족함 없으면 되는 거지
밤과 낮처럼 행복은
단순한 것인지도 몰라

우린 유토피아를 꿈꾸며
스마트(SG)한 세상을 살아왔어
편리했던 만큼 아픈 것도 많았지

공중에 나는 새를 봐봐
신께서 매일 채우시는 은혜로
살아가잖아

마이크로 그리드(MG)는
마을 사람들이 해와 바람으로

얽혀 사는 세상이야

신은 에덴동산 복원을 원해
가장 이상적인 거주 공간이니까
사람이 아프면 안 되니까

RE-100

재생(RE)이란
마음에 써억 내키지 않는 말이야

쓰고 버린 폐기물을 다시
쓰는 것 같아서

석유를 생각해봐
휘백색 불꽃이 황홀하잖아

편리했고 부요했거나
너무 뜨거웠고, 아프기도 했잖아

비 오는 날 알았어
물이 재생하며 쓰인다는 것을

재생은 폐기의 뜻이 아닌 거야
에너지 불변의 법칙 같은 자원인 거지

순환의 의미야
지구처럼, 내 몸에 흐르는 피처럼

살아남기 위해서는
재생에너지로 100을 채워야 해

배출한 탄소가 과욕처럼 많으면
마음 넉넉한 이웃에게서 사서 채우고

이제 황홀했던 불꽃은 잊어야 해
재생의 싸이클로 100세를 살아야 하니까

230711 탄소 국경 조정 제도

레이저 생태계

까만 밤에 손전등을 비추면
빛은 어둠을 뚫고 달에 닿게 되지

어둠은 빛을 보여주는 매질이고
레이저는 빛이 가는 길인 거야

거울로 두 마음에 마주 비출 때
서로에게 들뜨게 되고, 그 빛을 하나로 모아
심장에 쏘면 그게 큐핏 사랑이야

사랑이 영원한 것인지, 삶에게 묻지만
레이저는 인연처럼 붙이기도 하고
숙명처럼 잘라 내기도 해, 답은 없어

인연이라도 사람 속을 어찌 알겠어!
천(千)의 빛깔로 분광분석을 한다면
너의 진심도 알아볼 수 있을 거야

첨단에 있는 병원에서는 창가에 스민
가시광선으로 안구를 긁어내고
적외선으로 단단한 내장도 때우더라

손전등이 가로등보다 유행했던 때에
밤하늘에 올렸던 불빛들이 별이 되어

반딧불처럼 반짝이고 있어

레이저는 저 별들에게도
언어의 모양으로 안부를 묻는
통신의 시대도 열어 줄 거야

250302 고흥 레이저 생태계

인공태양(핵융합)

봄이면 멀리 지평선에서 피어나던
아지랑이를 본 적이 있어

투명한 기체 닮았지만, 사(4)의 물질처럼
이글거림이 눈에 선명했지

깊었던 겨울이 봄을 만나 충돌하고
흙처럼 깨진 이온들이 열기로 타오르던

한낮엔 태양이 아지랑이 위에 떠 있었어
온 땅에 열의 기운이 충만했지

인류는 그의 순리 따라 번성했고
신이 내어 준 사계는 모두가 아름다웠어!

사람들은 아지랑이를 만들어보려고 해
그 위에 태양을 띄우려는 거지, 인공태양

땅의 저변에 띄울 플라즈마,
그 내면의 핵 간 충돌과 융합, 그리고 방출

차마, 신의 영역에 도전할 수 없어
떠도는 중성자 가져다가 연료로 쓰려고 해

인간의 끝없는 욕망은 행복하게 사는 것이나
영원히 살 수는 없어, 서로 사는 날까지

바람에 흔들리고, 삼중으로 부대끼면서
지신(地神)에게 안녕을 기원하며 살려 하지

250806 나주 유치 기원

2부

위로·회복

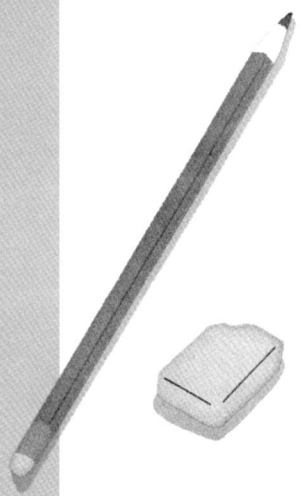

축제, 무제(無題)

이런 축제도 있다
죄 없는 자에게 무죄(無罪)라고 선고한
무제(無題)의 축제!

법원 앞마당에서
기도원처럼 손을 모으고
간절함을 태우는 사람들

인간 판사의 선고는
신의 음성과 같다

"피고인 이ㅇㅇ,
위증교사 사건 무죄!"

간절하게 묶인 손을 풀고
부둥켜안은 군중들의 위로(慰勞)
그들의 눈시울이 벌겋다

'죄' 없음에게
"무죄"라고 했을 뿐인데, 군중은
용서받은 어린양들처럼 춤을 춘다

수평(디케)의 저울은
흔들리지 말아야 하나
갈라진 바람들은 마구 잡아 흔든다

정의의 여신은
눈을 가리고 존재해야 하고
날카로운 칼을 들어야 한다

241125 위증교사 사건 무죄

수감, 조국(祖國)

감옥에 쉬러 간단다
누구나 알지, 그 단단한 마음을
그에게는 독한 쉼이 필요해

홀로 조국 식의 독서를 하고
중력과 맞설 근육도 기르고
생존의 기술을 익혀야 하는 쉼

역사는 그렇더라
혹독하게 고난받은 자들에 의해
쓰여진다는 것

그 역사로 쓰일 이름들은
'123계엄, 탄핵, 그대의 수감'처럼
격변의 순간에 꽃을 피우지

현재란 존재하지 않아
매 순간 과거로 전환되는 순간을
역사로 살아가고 있는 거지

수감은 잠시 멈춤이야
상처를 물에 담그고 아물도록
흘려보내야 할 기다림의 시간

그대의 수감은
지금 뚜렷하게 쓰여지고 있는
위대한 역사인 거지

잠시 멈춰 선 쉼이라도
돌아선 뒷모습은 덤덤하나
쓸쓸해 보이는 건 어쩔 수 없나 봐

조국(祖國), 얼른 오소
잠시 안녕!

241216 조국 수감 날

건국절, 그대

이젠 철 지난 건국절로 싸우지 말아야 해
오늘(250115) '건국절'이야
한 덩이로 통합된 나라가 될 테니까
질긴 친일 흔적들도 말끔히 치워질 거거든

유관순 후예들 봤지? 역사처럼 살아 있어
아스팔트에 핀 키세스 영웅들
싸움은 치열했지만 동백처럼 아름다웠고
나라는 눈처럼 갈등 없이 하나가 됐어

자네가 고맙지, 모두 그대 덕분이야
분노로 모두가 하나 되게 했어
지루하게 어깃장질 할 갈등의 씨들도
계엄으로 담백하게 정리해 줬어, 눈물이 나!

우리가 아팠던 건 뿌리 뽑지 못했던
반민 적 종기 때문이었어
반세기 동안 먹고살기 바빴잖아
허리 펼만하니 이제 다 보이는 거야

통일벼 속에 숨겨진 군사 독재의 민낯도
고속도로 속에 묻힌 새빨간 거짓말도
한 세대를 거슬러 무지한 그의 후손이,
장로로 포장한 위선자가 옥고를 치렀지

늦었지만 이제 남은 건 없어, 잔적들은
겨울 억새처럼 스스로 사라질 테니까
역사는 그대를 건국 공신으로 기억하고
국가는 그대를 종신토록 지켜 줄 거야

자네가 영원히 거할 거처에서
조국(祖國)을 만나거든
민망해도 용서를 구하시게
그분이 바로 그대가 세운 건국이니까

250115 그대 수감 날

광화문, 산불

광화문 앞 광장에 불이 났다
사람들이 불이 되어 타오른다

꺼지지 않는 불
쉬이 꺼지지 않을 것 같은 혼불

산에 불이 났다
강풍을 타고 영남 전역에 번졌다

영웅들은 사투 끝에 불길을 잡았다
사람들은 모든 것을 잃었다

광화문 광장은 불을 끄는 이가 없다
맞불을 든 사람들이 서로를 태우고 있다

소멸할 때까지 기다리는 것 같다
곧 태풍이 불 것이다

광장에 타고 있는 사람들이
모두 소멸될 것 같다, 위태롭다

'파괴의 미학' 조롱의 언어들이 난무하는,
다시 새마을 운동이라도 해야 하나

파면의 폭우가 내려야 한다
단번에 씻어내고 소생시킬 단비, 파면!!

시민

시민은 덩어리다
작은 덩이들이 쌓여서 성곽을 이루고

덩어리는 나뉘어
길을 만들고, 신호등을 세운다

교차로엔 회전문을 달고 광장이라 한다
광장은 시민이고 권력이다

신호등이 꺼지고 길이 막히면
광장은 거대한 덩어리가 되고, 회전문은 다시
길을 만든다

시민은 그냥 '시'에 사는 사람만을
말하지 않는다
한 덩어리로 작용하는 힘이다

241214 탄핵 시위

겨울 끝자락에 달린 봄

삼월이라 믿기 힘든 광경이
눈앞에서 벌어지고 있다

겨울에도 보지 못했던 세찬 눈보라와
어떻게 맞이해야 할지 필요한 해석

사람들은 겨울옷을 다시 꺼내입고
담벼락 아래로 모여든다

마음 둘 곳 없는 사람들이
심란함을 벽에 기대어 버텨낸다

봄이 꽃피는 일을 하지 못하고
이 시국(時局)에게 부르짖고 있다

선명한 진리의 경계를 세우라
그 선을 넘지 못하게 엄히 치리하라!

봄이 꽃의 때를 훌쩍 넘었어도
추위의 끝을 놓지 못하더니

겨울이 그 끝을 붙잡고 있었구나!
꽃을 피우지 못한 고장 난 봄

250318 꽃샘추위(송정역)

성선악설

인간에게는 의무가 아니어도
물에 빠진 이를 구해야 하는 양심은
선의 본질이다

갓 태어난 아기가
자신의 것만을 취하는 것이 이기적인
악의 본질일 수 있다

규범처럼 딱히 정의할 수 없는
선과 악의 경계와 대립, 그럼에도
광장은 왜, 선(善)들끼리 충돌하는지?

공익만이 아닐 터,
이기심과 어긋난 지성이거나
이성과 비이성의 싸움 같기도 하고

알 수 없어 방황하는 길 위에서 문득,
막연한, 저주의 극단적 작동 이거나
누적된 죄를 덮기 위한 바락이라면
이는 악의 본질일 것이라 드는 생각

악이 나라까지 삼켜버릴까 하여
규범과 예(禮)로 엄히 다스려야 함에도
검을 든 자들마저 묵묵부답이니
백성의 근심이 땅이 꺼질 만큼 크다

면앙정, 송순 만나기

제월봉 건너 넓은 들에는
유월 모내기가 한 창이다

모를 옮기는 이양기는
대통령 보궐선거를 알리는 벽보를
마주보다 등지다를 반복한다

못줄을 따라 한 줄 늘어선 모꾼들은
구부렸다 폈다를 반복하며
빈 들판을 느릿느릿 채워 갔을 터

노동의 풍경이 위안이었을지,
존엄의 탄핵과 선거를 바라보는
면앙정(송순)의 마음은 무엇이었을까

숙청과 모함이 난무한 조정(朝廷)
거짓과 증오가 뒤덮은 미디어 시대
과거가 현재를 바라보는 그는, 지금

초여름, 나와 명앙정에 오른다
병풍처럼 둘린 대나무, 소나무, 참나무들,
인기척은 없다

사계의 풍경들은 주인 없는 마당에

아지랑이며, 바람이며, 단풍이며, 겨울 바다를
놓았다 지우고를 반복했을 터

속세를 벗어나 내려앉은 제월봉 조차
한가로울 겨를이 없이 취하고자 했었음은
무엇을 잊고자 했음인지 알법하다

문명이 머슴 되어있는 시대
백성들은 선비 되어 나라 걱정에 울고
선비는 태평성대를 말하고 싶었으리라

면앙정 일백육십 계단을 오르면 송순이 보이고
송순은 석비(石碑)로 서서 면앙정을 말한다
예나 지금이나 다를 것 없는 세상 쉬어가자고

추월산, 용천산에서 내린 물이
정자 앞 넓은 들에 끊임없이 퍼져 있으니
너르면서도 길고, 푸르면서도 희다

250603 면앙정(제21대 대통령 선거 날)

상식의 맛

상시 먹는 식단과 같아서
밥과 국처럼 간결하고
담백해야 한다

다른 맛을 첨가하면
찾는 사람들은 갈리고
분쟁의 씨가 된다

상식의 근간, 헌재
레시피 대로 짓고, 맛의 해석 없이
그대로 내놓으면 된다

파면,
국민의 맛을 담백하게 우려낸
간결한 수평의 식단이었다

250404 그대 파면 날

공항장애

(아침) 영화를 찍는 세트장 같다
촬영 장비들이 군데군데 늘어져 있고
저마다 역할대로 캠프를 차린다

(낮) 사고수습 대책본부 같다
긴급한 전화벨, 문자, 방송, 기자 인터뷰,
방향 잃은 분주한 발걸음들

(저녁) 엄숙한 장례식장 같다
검정색 정장에 리본을 단 사람과
유족의 통곡과 위로가 섞인 빈소

모두가 타고 온 비행기는 간데없고
공항도 사라졌다, 지금 떠나야 할 사람들은
무엇을 타고 가야 할지
공항은 장애를 입었다

사람들은 공포를 껴안은 채
영화 속에 살고 있다

241229~31 제주항공 사건

씻김굿

인간의 손이 닿지 않는 곳은
신에게 속한 영역일 것이다

삶이 내게 속한 공간이라면
죽음 또한 신의 영역에 속함이리니

죽음에 닿아본 적 없는 인간들은
미지의 공간 어디론가 떠났을 이별에게
신명을 바쳐 명복을 빌 터

무가(巫歌)로 공주에게 부고를 알리고
산 자들은 고를 풀어 맺힌 한을 씻기어
하얀 비단길을 닦아 훨훨 날려 보내니

이승에 두고 떠날 모든 인연들과
아쉬움, 슬픔, 미련 모두 내려놓고
잘 가시라, 안녕히 영면하시라

250215 제주항공 사고 49제 날

당연한 슬픔

맞은 매가 너무 아파서
그 통증이 너무 심해서
울음소리조차 낼 수가 없습니다

당신이 마지막 가시는 길에
화려한 꽃들은 없어도
평소 당신이 발자취처럼 뿌려놓은
은혜의 꽃들이 머금은 채로
단단하게 피어 있습니다.

당신 역시
잠시 존재했다가 사라지는
그림자였습니까?
바람이었습니까?

그림자가 사라지고
바람이 지나갔을 뿐인데
사람들은 터질 듯한 심장을 붙들고
깨문 입술에 피가 스미도록 슬퍼하고
분노하여 웁니까!

당신은 이 땅에서 분명
구름이었습니다.
누구에게나 쉼이 되고 그늘이 되는

길동무였습니다

당신은 또 바람이었습니다
사랑하는 이들의 가슴을
비정하게 할퀴고 가버린 바람
오래 머무를 수 없는 슬픈 바람

당신이 가시던 날
이 땅의 기온은 40℃를 찍었습니다

이 열사의 언덕에 내몰린 꽃들은
당신이 소나기처럼 뿌려 둔
수많은 어록에서 목을 축이며
희망의 그늘을 찾아 헤맸습니다

영정 속에서 당신은
환하게 웃고 있습니다.
참으로 슬픕니다
참으로 바보 같습니다

당신과 이별이 당연한 슬픔이라도
어떤 기도와 같은 바램으로
내려놓으려 합니다

거대한 통에서 울리는
굵은 첼로 현의 선율이 내 손에 묵직이 닿아
심장까지 떨리는 설렘과 희망이
구름처럼 바람처럼 다시 오기를……

잘하자, 진짜로 잘하자!

동해 일출과 함께 새날이 밝았다.
여느 때와 다른, 만민이 바라는 새날이 밝았다.

그렇다고 너무 긴장하지 말고, 잘하자
진짜로 잘 한번 해보자

주권자 국민을 진짜 주인으로 섬기고
정치가 진 빚을 제대로 정산하자

국민은 열심히 살았고 희생의 대명사였다
정치는 삶과 성장의 장애물이었다

이제는 진짜 혁신의 시간
역사는 말한다. 진짜로 바꿔라고

신은 그대를 혹독하게 연단시켰고
이 땅을 밝히는 빛(在明)이 되라고 앞장세웠으니

김대중 님의 평화의 정신으로 남북을 잇고
노무현 님의 연정으로 동서가 통합하고
한반도가 하나 되는 새로운 역사를 만들자

대한민국을 세계 속에 올려보자
진짜로, 어디까지 뻗어갈 수 있는지 시험해 보자

우리의 저력이 스스로 궁금하지 않은가?
혹독한 겨울을 이겨 낸 키세스의 영웅들을 보았고
춤으로 하나 된 오월을 보지 않았는가!

오일팔의 한도, 세월호의 슬픔도, 이태원의 비통함도
이참에 말끔하게 씻어내고, 신명나게 함께 뛰는 세상
대한민국이 세상 당당하고 자랑스럽게,

제대로 된 힘 한번 모아본 적 없는 우리
지금도 잘하고, 다음에도 잘하고
그 다음에도 잘하고, 일천 년 동안 잘하자

결코, 어려운 일 아니다
모두가 상식선에만 서 있으면 된다
상식의 질서만 지키면 되는 일 아니겠는가!

우리 진짜로 잘하자
진짜로 잘해보자

250604 제21대 대통령 취임 기념

노무현에게 가는 길

짧은 생이 민망하여 납작 엎드린 분봉
중력처럼 누르고 있는 무게는
미완의 통합과 단절된 감정의 경계

꿈꾸는 날이 오기 전에 이미
이 세상에 없을 거라던 예언보다
먼저 가버린 바보!

미안함을 새긴 무언의 조각들이
이정표처럼 묘소로 향해 있는 길을
찬찬히 밟고 간다

육십 년, 길지 않은 그의 생애
한순간도 역사가 아닌 것이 없는
쩌렁쩌렁했던 현대사적 기록들

이제 다 뿌렸으니
튼튼한 생태계로 피어날 그날을 기다리는
그를 만나다

240529 김해 생가 방문

3부

테마 산책

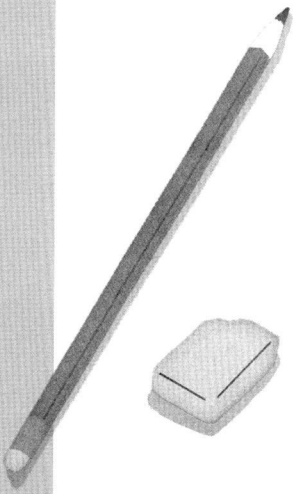

울돌목(명량해전)

두려움뿐이 없는 바다
피할 곳은 죽음밖에 없다

죽음의 조건들만 존재한 바다
낡은 배 몇 척, 굶주림, 추락한 사기,
잃어버린 희망, 불신, 배신, 어명,
적의 사기충천, 소문, 바다와 회오리
스산한 물의 울음소리까지

이 두려움을 용기로 바꾼다고?
바위처럼 굳어버린 두려움을 어떻게?

피는 바꿀 수 있을 거야, 피가 필요해
대신 누군가 죽어야만 해
통제사 이순신이 그걸 하려고 해
피의 제물이 되는 거 말야

그는 피의 능력을 알고 있었어
죽음의 적기(適期)를 유념했던 거야
칠 년 중 이 순간이라고 생각하진 않았을까,
이 지독한 공포에서 벗어날 수만 있다면

죽기를 각오하고 출정하던 날
단 하나의 무운을 빌어보는 건
최악의 조건이 어느 순간엔 천행이 되어 주는 것
그 용솟음치는 소용돌이가 피의 끝이 아니기를……

사백여 년 전 명량해전에서
울돌목은 승리랬다. 천행이었다
그 바다에는 이름 없이 사라진
뭇별 같은 영웅들이 살고 있다

230908 명량대첩 축제

울돌목(전망대)

울돌목 전망대에 오는 사람들은
쌍둥이 다리와 함께 연처럼 걸려있는
케이블카를 즐겨보는
단순한 풍경만을 보지 않는다

거대한 물의 흐름을 보고 싶어 하고
저마다 영감을 담아와서
물의 울음소리와 그 속에 담긴 역사를
느끼고 싶어 한다

수없이 들어 온 전쟁의 장면들을
바다에 펼쳐보고, 역사 속의 나도
들풀 같은 백성으로 울돌목에 뛰어들어
두려움과 분노로 싸워보는 명량해전

하나도 귀하지 않을 것 없는 목숨 들이
바다에 던지어져 삼켜지고
변함없는 물의 울음소리는
호남과 조선을 지켜 냈다는 전설 같은 역사를
보여주는 전망대

역사는 흐르는 것일까, 아님
쉼 없이 돌고 도는 것일까?
끝을 향해 흘러가는 것처럼 보이지만
불변의 법칙처럼 순환하는 것

멈추지 않은 역사는
낭창하게 엮인 케이블카를 타고
쌍둥이 대교를 오가는 이들에게
명량의 투명한 살갗까지 보게 한다

명량은 극한 반전이다
전망대는 그것을 보게 하고
이름 없이 사라진 들풀들의 역사를
말하고 싶어 한다

230820 진도타워(전망대)

울돌목(물이 우는 소리)

그때도
울돌목은 울고 있었다. 다만,
흘렸을 뿐이다

그날은
솟구친 물이 뜨거운 용암도 같고
부딪쳐서 때리는 힘에는 기세가 있고
물의 소용돌이는 태산이라도 삼킬 듯
거침없이 휘감아 돌았다

그 소리는
굶주린 짐승의 포효하는 소리도 같고
묵직한 남성의 울음소리도 같고
칠천량 원혼들의 아우성이거나
분노의 절규였다

사백 년 전에도, 그 이전에도
물의 울음소리는 왜군이 침략해 올,
또다시 일제의 만행과 핵물질의 공포가
명량해협에 닥칠 것을 예언했음에도
알아듣지 못했다

예나 지금이나
울돌목엔 물의 울음소리가 있다
다만, 흘리고 있을 뿐이다.

울돌목(가봐야 할 곳)

여러분! 울돌목으로 오세요

삶에 지친 자, 희망을 잃은 자
진도대교 가운데 서서
사백 년 전 승리의 함성을 들어보세요
반전의 힘이 솟구칩니다.

울고 싶을 때 오세요

홀로 갇힌 자, 방황하는 자
모두 오세요, 함께 격군이 됩시다
손에 피가 터지도록 노를 젓고
막힌 곳은 발포하여 뚫고
울돌목에서 길을 찾읍시다.

신비로운 소리가 들립니다

거친 물살이 건네는 부드러운 위로
거대한 역사 속에서
나의 존재를 불러보는 울림 또는
용서가 주는 개운한 기침 소리
아무렇게나 어울림의 떼창 소리

특별한 날이 아니어도 오세요

물은 역사처럼 쉬지 않고 휘휘 돌며
살아있는 자들과 말하고 싶어 해요
사랑하는 이들에겐 죽도록 사랑하는 법을
알려 줄 거에요

230820 진도대교

벚꽃(봄)

봄은
벚꽃이 필 때부터 봄이다

언제부턴가
음력의 절기들이 무색하게
꽃들의 질서는 무너지고 그때부터 봄은
벚꽃이 필 때부터였다

봄이 사람을 흔들어 대는 건
지천에 핀 벚꽃 때문이 아니더냐

그 생이 짧고 화려해서
바람처럼 사라진 친구의 영혼 같아서

다시 기다림의 시간은 길고
또 잠깐 피었다가 사라질 그 날이
내 인생 같아서

사람들은 안다
봄비 내렸다 그치면
흔적 없는 날개들이 슬픔 속으로
사라질 것이라는 걸

벚꽃이 있는 곳이면 사람들은
저마다 생의 찰나를 잡기 위해
꽃구름처럼 몰려든다

220404 중외공원에서

벚꽃(그늘)

잎이 없는 나무 아래에
그늘이 졌다. 꽃그늘

민낯으로 봄볕에 맞서 싸우다
깜짝 데인 하얀 잎들

잎들의 그림자가
발길에 내려와 닿는다

그 흔적들을 밟고 서서
굵은 줄기 등에 대고 바라본 하늘

꽃들은 하늘을 가렸고
가지들은 봄을 붙들고 있다

간절한 기도처럼……

220405 임동 아델리움 뒤뜰

벚꽃(바람)

바람이 꽃잎들을
떨어내고 있다

꽃들은 비가 되어
축복의 형상으로 날리는
하얀 은혜

마지막 남은 지성의 알갱이
그 낱알 하나까지 내어주고자 했던 이의
온유한 덕망 같은……

꽃이 지고 나면
영생의 꽃으로 다시 필 줄은 알지만
떨어지고 있는 숨소리가 가쁘다

바람은 스쳐 감이며
무심하게 비켜나는 인연들과 피었다 지는
무형의 관계로 살다 간다

벚꽃이 필 때면
바람은 불고, 잎은 꽃으로 지고
그 하얀 잎을 그리며 산다.

<u>220407 봄길에서 임종을 앞둔 분 생각</u>

69

벚꽃(양재 뜰)

꽃잎에서 사람들을 봤어
수많은 군중들이 분칠한 얼굴을 하고
양재 뜰에 떠돌고 있어

나무에 매달린 꽃들은
봄에 휩쓸려 떠내려 가듯
짧기만 한순간들을 붙들고 아우성이었지

봄은 위대했어,
양재천을 깨워 걷게 했으니
한낮 꽃그늘에 핀 두 그림자
드리워 놓았으니

240407 서울 양재천에서 두 딸과 함께

가을(경계)

여름
불볕더위에 둑이 무너졌다
범람함은 경계를 삼켰다
모여드는 사람들은
경계의 뚝을 만들기 위하여
사투를 벌인다

여름
무너진 경계는 복구되지 않았고
아직 가을도 오지 않았다
범람한 계절, 무너져 버린 경계의 뚝을
사람들은 만들지 못한다

여름
길다, 계절의 틈에 우기(雨期)가 끼었다
말라야 할 것들이 젖은 채로
서 있다

가을
짧다, 옷들은 창가에 걸린 채로
단풍이 든다
포로시 가을인가 싶더니
찬바람이 스쳐 간다, 차갑다

<u>200808 구례 홍수</u>

가을(채색)

가시광선이
남해로 뻗어있는 아침

바람이 가을로 가고 있는 것을
가을이 산처럼 변해가고 있는 것을
산이 나무에 달린 그늘 한 장 붙잡고
물들어 가고 있는 것을 보았다

간밤에 내린 비가
가을비였음을 안 것도
볕에 닿은 산들이 바다와 파도처럼
흔들렸기 때문이다

꿈틀거릴 때마다 변해가는 것들
시침이라도 그 움직임이 눈에 잡힌 아침
낙엽조차 아름다운 날이 내게
주어졌다는 설렘이다

161030 가을 아침

가을(향기)

과일상자 표면에 붙은
'가을향기'

농부는 왜, 상자 속 과일을
'가을향기'라 했을까?

무심히 지나쳐 왔던
시어(詩語)들을 들춰보게 하는 가을

어느 해 가을엔가
'시'를 쓰며 살겠다고 다짐했던
순간이 단풍처럼 떠오른다

마음에 빗장처럼 잠긴 것도 아닌데
그 많은 시간을 그리도 무심하게
잊고 살았을까?

농부는
당신의 노고를 변명하기보다
'시'로 쓰고 싶었는지 모른다

과일상자 속엔
'가을향기'가 맛깔난 감성처럼
수북하게 차 있을 것이다.

161010 과일 상자를 보고

가을(노을)

가을이 저물 무렵
서산에 핀 노을이 슬프도록
곱다

어떤 슬픔을 태워야
끝이 저리도록 고운 하늘을
빚을 수 있을까!

어떤 이의 영혼을
재물로 드려야만 감읍하여 내리는
신의 선물일까!

천지창조의 시작인 것도 같고
끝인 것도 같은 저
거대한 빛

죽음을 받아들이니
비로소 보이기 시작했다는
생명의 신비

한 노인이
벌판에 서서 자신의 영혼을
태우고 있다

본향을 향한

이승의 짐(업)들을 태우고 있다

4부

지역 보기

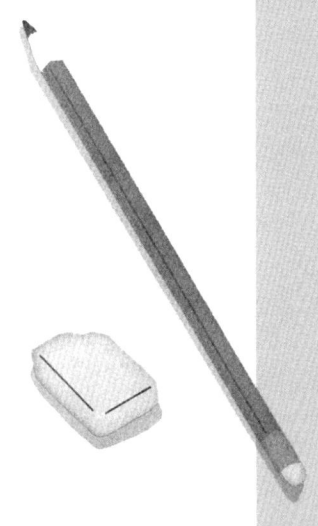

천년의 빛 영광

빛은
밝음과 미래를 의미하고
모든 사람들은
같은 꿈을 꾸며 산다

영광은
누구도 끝을 볼 수 없는
천년의 빛을 통해 복을
누리고 싶어 한다

천년의 빛은
영광의 시작과 끝이며
인간이 그리는
영원한 생명이다

음영이 짙을수록
빛의 존재는 선명하듯
영광에게서 영험한
천년의 빛을 보았다

191111 영광에서

정남진 물축제

물은 생명의 근원이고
개운하게 씻어내는 경건의 의무가 있다

목마름에 대한 해갈
죄까지도 벗겨내는 세례의 상징

인류에게 물은 관용처럼 풍성하다
탐진강은 더 그렇다. 그래서 정남진은
강탈할 이유 없는 물의 전쟁을 선포한다

적에게 가(可)할수록 이로운 물의 축제
한여름 찜통을 깨부수는 세계적인 대전(大戰)

주포(主砲)처럼 솟구치는 분수를, 함께
신의주에 퍼 올리면 어떨까?
폭포처럼 쏟아져 모두 젖으면

물은 아우르는 성질이 있어
한반도를 덮을 텐데, 어떤 이유도 없이, 하나로

정남진에서 발발(勃發)한 물의 축제는
더위도 씻고 과오도 씻어내고, 새 역사처럼
길게 뻗어(長興) 갈 탐진(耽津) 한마당이다

250802 정남진 물축제

관방제림 뚝방 길

용천산 급물살을 막아서
수해로부터 백성의 터전을 지켜 낸
관(官)이 축조한 제방

두 겹, 단단하게 뚝을 쌓아
나무를 심어 뿌리로 홅쳐 묶고
세월을 쌓아 묵히니 울창한 숲이라

부사(府使)는 수백 년 후 세상을 봤을까,
뚝은 방죽을 내어주고, 사람들 몰려드니
사철이 낙원이라, 강호가도가 별거 더냐

앞산 죽녹원에 물든 하천 강의리에 흐르고
메타세콰이어길 따라나선 원색 계절이
듣기에도 낯선 프로방스까지 이어진다

다채로운 세대가 옛 선비들과 만나
광주호를 거닐다 소쇄원에 쉬어가니
호연은 무어며, 시가 문학이 따로 없다

뚝방 길 입구 홀로 선 표지석엔
관(官)이 백성들 터전의 근간이 되었다는
수범 사례처럼 도도하게 서 있다

250511 관방제림 나무 그늘

79

금계국

기후변화를 이야기할 때부터
봄꽃들은 계주(繼走)처럼 이어져 피던
질서가 무너지고

때 이른 무더위와 함께
출신도 모호한 노오란 꽃들이
오뉴월의 지천에 만발하다

생태계를 교란시킨다고
공익의 힘을 빌려 뽑아내야 한다지만
이미 물들어 버린 노오란 물빛들을
어떻게 씻어내야 할지

자생력이란 그들의 몫 같지만
빈자리에 들어와 있는 이들을
한껏 품어주는 것도
금계의 도리인 듯하다

코스모스 닮은 것 같기도 하고
국화를 닮아서 이미 익숙해 있는 꽃
빛나는 금계국

속정 깊이 들여다보면
비단 같은 황금색 향기가 난다

210603 다문화 가정에게 드림

80

섬, 자은도

갯물을 머금은 엷은 파도가
노닐 듯 잔잔히 들고 나기를
반복한다

이 반복 운동은
저 멀리 거대한 섬들을
한 뼘 한 뼘 내게로 끌고 온다

어느새 발끝에 닿아 있는 섬은
망망함에서 짐을 잠시 내려놓고
쉬어가라 한다

그래, 좀 쉬었다 가자!

쉼 없이 가는 삶이 어디 있으랴
혼자서 멀거니 서 있어도 보고
둘이서 백길 모래를 밟아도 보고

파도가 닿는 섬 언저리에
식당 이름 '맛나제'가
자은도 민낯처럼 흔들리며 떠 있다

181011 자은도 백길 해변

짱뚱어 다리

짱뚱어 다리 아래에
짱뚱어는 하나 없고
참게들만
옆걸음질 치고 있다

인적은 뜸하고
봐줄 이 하나 없는 다리

계절은 얼어붙은 뻘에 엉켜
짱뚱어들이 들고 날
숨구멍 하나 내주지 않고
움켜쥐고 있다

뻘밭을 가로질러 늘어선 다리

어디론가 통할 것 같지만
저만치 보이는 성(엘도라도)이 끝인 것 같아
철 지난 해수욕장처럼
큰 위안이 되지 못한다

다시 돌아가야 할 길
다시 살아내기 위해 건너야 할 길
짱뚱어 다리

190118 사무관 승진 낙방날

정원, 아크로

신이 빚은 정원은
에덴의 동산일 터이나

인간의 정원은
금정산 아크로일 터이다

홀인(hole in)의 울림을 찾아
인간의 욕망이 몰려드는 곳

볼심이 날아간 지천엔
한 계절 짙은 백일홍이 만발하다

이윽고 다달은 열여덟 성상에서
보이는 건, 함께 있는 내 동무들

하루, 아크로의 꽃길을 거닐며
운무를 즐기며 신선처럼
머물다 간다

석양이 우정처럼 짙다

210814 영암 아크로 CC

스롱 피아비

캄퐁참 가난 속에 묻혀있던
진주였을까?

묵혀있던 앙코르와트가
신문명처럼 나타난
스롱 피아비

그의 발견은
앙리무오의 호기심이 빚은
운명과 같은 것이었다

사각의 평면위에
우연히 굴려본 세 개의 구슬

따악, 딱! 부딪치는 소리는
자아를 깨우고, 그의 조국
캄보디아를 보게 했다

구슬 하나, 나 자신과
구슬 두울, 잠재적 조국의 발견
구슬 세엣, 한국에서 본 희망

그는 손에 직선의 큐를 들고
작은 도시 청주에서

캄보디아를 겨냥하고 있다

크메르 제국의 부활을
꿈꾸며!

Srong Pheavy

តេីអ + នកជាគុជដលែកប់នៅក + នុងភាពក + រីក + រ
នខៃតេ + តកពងចាមមនែទេ?

ដូចជុំប + រាសាទអង + គរវត + តដលែត + រូវបាន
លាកកបាងយូរមកហេីយ
ហេីយបានលចេចញេមកជាអរិយធម៌ថ + មី
អ + នកគឺSrong Pheavy!!

ការរកឃេីញនាង
ដូចជាប្រាសទនាដលែកេីតឃេីងពីការចង់ដឹងរបស់លោក អង់រី
មូហាត (Henri Mouhot)

លេីផ + ទតៃុរាងការេ
គ + រាបបាលបីបានរមៀលដោយចដៃន + យ

សំឡេង តាក់! តាក់!
ពលេបះទង + គិុចបានបេីកភ + ញាក់អត + តស
ញ + ញាណរបសនាង
និងធ + វេី ឲ + យឃេីញដនៃកំណេីតកម + ពុជា

គ + រាប់ទីមួយ—ខ + លួនឯងនិង
គ + រាប់ទីពីរ—ការរកឃេីញឃេីងវិញនជែាតិដេីម
គ + រាបទីបី—សចេក + តីសង + ឃឹមដលែនាងយេីញនៅប + រទសេភូរេ

Pheavy, ដនៃាងកាន់ជាមួយដងកឹរដលែកំពុង
ផ + តោតទៅលេីសុបិន
កម + ពុជាពីទឹក + រុងតូចមួយនៅឆ្ពងជូ។

ដោយសុបិន + តអំពីការរស់ឃេីងវិញនសៃម + រាជខ + មរែ

១៩០៦២៣ (ថ + ងទៃី) ១៧:៣០

190623 캄보디아 출신 당구선수

5부

사색 구간

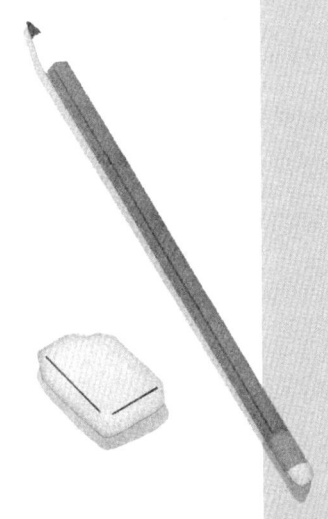

빈 집①

빈집이 생겼다

"저 집, 빈집이야
잠깐 어디 좀 다녀온다고 갔대"
아는 이들은 마른 바람처럼
말을 해댈 것이다

주인은 일상의 외출처럼
"그래, 금방 돌아올 거야"라고
돌아올 수도 없는 길을 떠났을 것이다.

남겨진 시간들은
벌레처럼 빈집을 허물어 갈 것이고
남은 이들은 빈집의 이야기를
전설처럼 만들어 갈 것이다

집주인은
빈집에 돌아오기 위해
떠났던 이유를 건너편에서
걷고 또 걸으며 설명하려 할 것이다

빈집은
돌아오지 못한 이와 함께
낙엽처럼 그림자처럼
사라질 것이다

201210 시골 빈집

빈 집②

사람이 머물다 떠난 집은
처음부터 빈집이었다

빈 공간,
떨어져 나뒹구는 문짝과
먼지처럼 얽혀 있는 거미줄
난잡하게 깨진 유리 조각
산산히 부서진 흔적들

삶이 허무하다고
푸석하게 서 있는 기둥 붙잡고
통곡한들 윤기 나던 그 시절
돌이킬 수 있을까

늦가을 저녁
노모의 시린 관절처럼
바람은 차갑고
노을처럼 저물어간 가을이
슬프다

사람은 떠나고 없는데
바람들만 안타까운 공간을
채워 간다

사람이 떠나고 없는 집은
처음에도 빈집이었다

201107 엄니 병원 장기입원

2호선, 구로 디지털역에서

서울 하늘이 온통
큰아이 얼굴로 가득 차 있다

수 없이 다녀간 서울이지만
한 번도 바라본 적 없는 낯선 하늘이
딸의 얼굴처럼 선명하다

미운 마음으로 보냈던 늦가을 바람이
차갑게 밀려와 부딪치는 내 몸은 2호선
철길 위를 맴돌고 있다

순환선을 따라
딸의 주변을 빙빙 돌고 있지만
하늘의 이치를 깨우치지 못한
지천명의 허울이 버겁다

나를 내려놓는 것
내 것 아닌 것을 놓아주는 것
묵은 죄를 씻어내듯
비우고 또 비우며 맴도는 순례길

구로 디지털역으로 오라,
굳은 손을 내민다

한때 청년들의 꿈의 지대였던
구로공단의 새 역사, 너의 꿈 신고
구로 디지털역으로 오라!

201120 구로 디지털역에서 딸과 재회

역방향

겨울 첫날
해질녘 김제평야
지평선에 내려앉고 있는
석양을 상상해 봐

창가에
역방향으로 앉아 있는 여인이
울고 있어

창과 노을과 눈물
액자 속 슬픈 풍경 같지만
작품을 보듯 빤히 볼 수가 없었지

몸은 송정리로 가지만
시선은 용산역을 바라보는
역방향

지금 있는 그대로
순방향 되어 출발점으로
돌아갈 수 있다면
이 눈물 멈출 수 있을까?

누구에게나 고독이 필요한 계절이지
앞으로는 가지 못하고
뒤가 앞인 줄 알고 달려가고픈

한계에서 더 나아갈 수 없어
뒷걸음질만 치는 슬픈
역방향

하루의 삶들이
속도를 따라갈 수가 없어
두 눈 질끈 감아버리는 지금은

끝까지 멍청해져 보는
고독한 시간이 필요한지도 몰라
역방향으로 달려 보는……

221202 용산에서 하행 KTX(김제평야)

우제길 전시관

잠깐 쉬어가자고
눈앞에 있는 우제길 전시관에
들렀다

어차피 우제길은 모르니
화장실에 들렀다가 차나 한 잔 하면서
버려야 할 시간을 채우기 위함이다

커피값은 오천 원
관람자는 나 혼자다
작가는 날 위하여 온전한 기간을
비워 둔 것 같다

나는 낯선 그와
독대하는 느낌으로
그를 읽어 간다

산이 있는 조용한 길목
커피 향 나는 따뜻한 공간
창문들 사이 좁은 벽에 걸린 작품들
피아노 소품(CD음 대체)

내 손에 들린 커피와
벽을 따라 그를 찾아보는 시선

남을 이해한다는 건 참으로
어려운 일이다
내 상상에 얇은 견해를
덧붙여 보는 정도

액자의 여백이 꽉 찬
데코처럼 복잡하게 얽힌 그림
그는 "바라보는 방향이 너와 같다"고
말한 듯하다

그렇지, 그럴 거야
나이가 들수록 시야는 좁아지고
공감은 깊어지는 법이거든

기쁨도 슬픔인 것처럼
슬픔도 기쁨일 수 있는 것처럼
가을이 끝나면 슬픔의 끝이
오는 것처럼

191023 무등산 증심사 입구(우제길 전시관에서)

바람의 영혼

바람을 보았다

처음 바람을 만났던 때는
어렸을 때 어느 봄날
벚꽃이 흐드러지게 피었던 신작로였다

바람은 연한 꽃잎을 흔들어
봄빛 향기를 날리다 금방
날아가 버렸다

다시 바람을 만났던 때는
어느 젊었던 날
가슴에 꿈이 있을 때였다

그 바람은 횃불처럼
나를 세워 준 신바람이었으나
금방 사라져 버렸다

바람이 녹는 것을 보았다
살아있는 것은 영원함 없고
사라지는 것이다

얼마 전, 늦봄
지친 나를 위로해 준 바람을 만났다

새봄이 오면 신작로에서 다시
벚꽃처럼 만나자 한다.

바람의 영혼으로 만나자 한다

<u>180405 어느 봄날</u>

기다림

기다림에는
보내야 하는 시간이 있다

기다림의 끝에 다닿기 위한
공전 같은 시간들

언제일지 모를 기다림의 끝
보내고 있는 그 시간들이 어쩌면
목적일 수 있다

인생이 그렇지 않더냐
크고 작은 기다림들 속에서
생은 이어지고

다닿지 못한 수많은 기다림 속에서
지속 가능함이 멈춰 서는 일이
허다하지 않더냐!

오늘도 기다리는 건
행운처럼 올 수 있는 뭔지 모를
기대 때문일 것이다.

240716 송정역

약국 풍경

이빨 하나 성한 곳 없는 노인들이
강냉이처럼 깡깡한 약봉지를 한아름
유모차에 싣고 있다

빈 수레도 버거운 삶을 끌다가
배가 허기져 오면 일용할 양식처럼
오독오독 씹어 먹을 것이다

이미 살아버린 삶도
지독하게 쓰디썼을 것이다

240810 하남 약국에서

99

시계의 본능

시계의 본능은
쳇바퀴를 도는 것이다

처음 몇 바퀴 도는 것을 봤을 땐
생의 존재처럼 신비로웠다

다름질처럼 초침이 돌고
하루처럼 분침이 돌고
한 해처럼 시침이 돌고

또 돌고(반복)
떠 돌고(방황)
딱 돌고(안정)

쌓인 시간만큼 단조로워진 시계 놀이
쳇바퀴에서 탈출은 뭘까?
틀을 부숴보는 것

비가 내린다
온 대지에 떨어지는 모양이
시간의 형상이다

<u>231117 비 오던 날</u>

시간 보기

시간을 눈으로 본 적이 있다

달리는 버스 안에서 본
내게로 왔다가
지나가는 나무들,
시간이 시제처럼 오가는 모양이다

내가 멈춰 섰던 날에도
풀잎들을 흔들어 주는 바람이나
무심코 스치는 사람들의 모습에서
시간을 봤다

시간은 투명한 물질처럼
움직이는 형상들을 지배하며
그 흔적들에게 기록하게 한다

공평함에 흔들림이 없는
그 무적의 존재

보이는 시간은
흔들림과 빠름의 관계 속에서
인간에게 지루하지 않은 생을
제공한다

231117 KTX

커피

가을빛이 짙을수록
커피 향은 깊어간다

블랙 향!
가을의 독에서 구원해 줄
유일한 친구

어느 낯선 땅에서 왔는지
한때, 깊은 좌절의 늪에 빠져 있을 때
쓴맛의 의미를 일러 주고
그 안에 담백함이 있음을
깨우쳐 주었던 그(She)

너를 만나 입맛을
맞춰가는 일이
수월하진 않았으나
시간에 닳아진 미각은
이마저도 허락해 주었다

두 손에
가을 기도처럼 모아 쥔
커피 한 잔,

너와 함께 있어

살아가는 일이 행복하다고
고백해 보는 시간

오늘도 마주 앉은
투썸 커피에서는
그리움의 향이 난다

펜잘

내 아버지 호주머니 속엔
쪽지 모양의 뇌신이 항상
들어 있었다

몸이 지치고 곤하실 때
한입 털어 넣으시고 물 한 모금이면
개운해지신다는 신통한 쪽지 약

내 호주머니에는 항상
쪽지 대신 신유의 은사 같은
알약이 들어 있다

동선의 거점마다
초병처럼 비치해 둔 펜잘,
금세 회복시켜 걷게 했다

덕분에 삼십오 년,
그 질긴 세월을
잔병(병가) 한 번 없이 살아냈다

250303 60세 두통이 있던 날

협약식, 154KV

황무지에
파일 하나 박는 것과 같았다

메마르고 척박함이
풀씨 하나 자랄 수 없는 땅

묶어 둘 말뚝 하나 없는 곳에서
사투와 같은 줄다리기라니……

끝없이 자극하던
무더위가 사라졌다, 가을이다

결실의 계절
가을 단풍이 참으로 곱다

곱게 물든 잎에 154라 쓰고
마음 갈피에 깊이 간직하고 싶은 날

241023 솔라시도 협약식 날

벽 선생

직선과 평면의 성품을
가지신 분

항상 거울처럼 선 채로
스스로 찾는 자들을 받아주신다

제자가 된 이들이 건넨
서투른 질문들을 묵묵히 받아주시고

품성이 견고하고 넉넉하여
성냄이 없이 끝까지 기다려 주신다

연단의 시간이 흐르고
선생의 마음을 깨닫게 되는 날

평면은 나를 비추는
거대한 거울이었음을 알게 되고

사람 사는 방식이 어떤 정석보다
스스로 비춰볼 줄 아는 힘에 있음을
알게 한다

220508 테니스 코트에 있는 벽

막노동

높이 오를수록
지면과 간극은 더 커지고
몸에 닿는 강도가 크다

등짐이 무거울수록
올라야 하는 삶은 더 버겁고
꿈은 희미해져 간다

눈물보다 짠 땀방울이
인두처럼 찍어내는 발등에는
아이들 눈망울만 선명하다

높이를 가늠하지 못하고
오르내리다 보면
불공평했던 하루는 공평한 어둠으로 내리고

기약할 수 없는 잠으로
노동처럼 빨려든다

191116 친구 부친 이야기

어른 동시(10편)

새(Bird)집

아빠 머리엔
새집이 있어요

아빠는 밤마다
새집을 머리에 이고 와요

"엄마! 근데
아빠 새집에는 왜 새가 없어"?

"으응, 아빠 새집에 사는 새는
바로 너희들이란다"

※ 출퇴근 버스에서 내린 모습

선인장

엄마의 한숨이
화분에 혀를 길게 내고
앉아 있다

화가 나신 듯
가시 박힌 한숨

엄마의 한숨 속에
많은 근심이 박혀있다

210407 아파트 베란다

지혜 숲

골목 돌아가는
길모퉁이에서 봄을 만났다

꽃밭에서 아이들이
벌이 되어 날아가는

꽃삽을 든 어른들은
봄을 퍼다 옮겨 심는

봄 길 닿는 모퉁이엔
동화 같은 지혜 숲이 있다

210407 봄, 유치원 골목

연필 1

상처 없인 네게 갈 수 없어
깎이지 않는 난 쓸모없는
도구일 뿐이야

깎이는 것은 아픔인데
필요를 위한 단련이고
존재의 이유인 거야

너만의 세상을 그려봐
위로는 무한한 용기를 갖게 해
검보다 강하잖아

연필 2

끝이 날카로운 것을
샤프하다고 하지, 근데

끝이 무뎌지면
잘 부러지지 않아

마음을 그리는 연필은
끝이 무디면 좋지

찔림은 아프고
무딤은 따뜻하니까

<u>231029 책상 위</u>

보리피리(동시)

보리의 키가 파도처럼 커지면
아이들은 보리밭 물결 속으로
사라진다

바람에 일렁이는 보리 바다
파도에 춤추는 피리 소리
파아란 꿈이 움틀대는 또래들의 합창

보리꽃이 피어난 오월이 되면
누구랄 것도 없이 악사가 되고
연주자가 되는 보리밭 동네 아이들

230606 들판의 보리를 보고

군고구마

군고구마 타는 냄새가 있는 골목에
겨울들이 옹기종기 모여 있다

시린 손 녹여 준 군고구마
굽은 손에 벗겨진 껍질 속에
노오랗게 움튼 겨울꽃이 핀다

겨울과 싸우다 할퀸 상처
그 추위가 머시라도
군고구마 맛을 이기지 못한다

노오란 봄이 오고 있다

240111 Y-마트

구순 잔치

무쇠라도 여러 번 녹아내렸을 세월
구순을 도는 동안 부품처럼
세포 갈이를 반복하시면서 베풀어 준 사랑
그 대물림이 꽃으로 피어난 잔치

단팥빵

포장 속 진갈색 이미지
코끝에 베인 타는 내음
입술에 물든 붉은 단맛

배고플 때 든 물이라
세월로도 뺄 수 없는 각인

이제 놓아 줄 법도 한데
그 녀석만 마주치면
꼼짝없이 굳어버린 발길

250505 인크 커피에서

별을 보는 각도

두 사람이
망원경에 눈을 붙이고
밤하늘에 빛나는 별을 본다

한 사람은 '좋다'고 하고
한 사람은 '고맙다'고 한다

'좋다'는 것은
아름다움을 본 것 같은데
'고맙다'는 것은 별이
애잔함을 보이게 한 것이다

160504 곡성 천문 과학관

짧은 시(7편)

1g의 용기

잃을 것 없는 한 줌으로
가보는 도전이다

지난 세월을 돌이켜 봐도
후회하지 않을 걸음이다

잘못되어도 상처 될 것 없는
아픔이다

내시경

퇴적물처럼 쌓인 속을
유리관처럼 비웠다
이제 말 한마디라도
좋은 것으로만 채워 넣고 싶다

홍수

삽시간이 만들어 낸
급물살

휩쓸려 간 이들은
허우적거리다 말뿐
지푸라기 하나 잡지 못하고
만다

퇴적된 흙더미는
무덤처럼 쌓였다

(짧은 인생 비유)

갈등

갈라진 두 뿌리가 서로
얽히는 것이다

내가 나를
할퀴는 것이다

이◆별

'이◆별' 두 음절의
징검다리일 뿐인데
이리도 건너기가
힘◆들◆까!

사랑

인간의 영원한 테마
사랑 없는 세상에서
한평생을 살아낼 수 있을까!

The day

생의 처음이자
마지막인 하루

사람들은 그날을
욕되지 않기 위해 산다

그닐, The day

6부

기념·축복

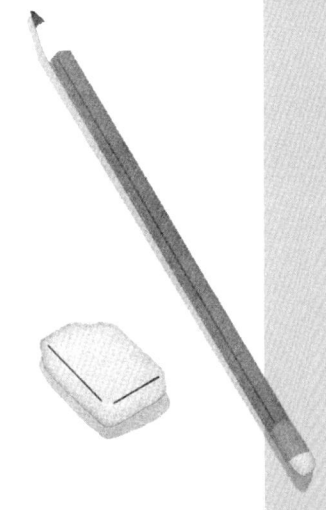

두물머리 나루

두 개의 물이 만나
하나의 줄기가 되어 흘러가는 곳

두 사람이 만나서
하나의 터를 이루고 살아가는 곳

끝없이 펼쳐진 단조로운 풍경들
물결은 잔잔하고 한없이 평화롭다

이곳에 봇짐을 풀고
씨를 뿌리고, 밭을 일구며 살아가야 할
그대들께

심연에서 반추된 은빛 물결들은
단순하게 사랑하며 살라 한다

생의 마지막 배를 타고 떠나는 날까지
수 없이 들고 날 두물머리 나루

끝도 시작도 알 수 없는 물의 흔들림처럼
한없이 사랑하고 이해하며 살라 한다

두 손 꼭 잡고, 두 눈 마주 보며
감사하며 그렇게 살라 한다

220514 직원 결혼 축복

오월의 신부

오월에 핀 어떤 꽃이
이보다 고우랴

은빛 날개가 눈부신
오월의 신부

이 아름답고 화려한 날에
눈물이 난다

어미의 품을 떠나
새 둥지를 찾아드는 날

사랑하는 이와 집을 짓고
영원히 함께 할 꿈을 위하여

단조 운율의 걸음걸음마다
찔레꽃 향기 짙게 피어난다

오월에 빛 발치는 축복의 햇살들
신부는 행복하다

영원한 것은 없으나
변치 않은 사랑은 영원할 것이니

신랑은 신부를 위하여
신부는 신랑을 위하여

변함없이 사랑하고, 또
사랑하라

이삭의 집

수많은 날을
빛을 쫓아 살았다

빛은 열을 내어주었고
그 빛과 열을 깊이 품고자 했다

빛은 곧음과 선명함이고
열은 인간적인 따스함이다

이십사 년 봄볕이 빛나는 삼월에
지인들과 함께 연 마당 잔치는

이삭의 집에 우물을 팜과 같고
그 풍요를 나누고자 함이니,

빛의 모종을 이 터에 옮겨 심고
단단하게 키우고자 함이니

이 집에 가뭄에도 샘솟는
충만한 복이 있으라!

240309 축복 시

특별상

특별한 사람들이 내게
특별함을 선사했다

아침에 눈을 뜨고
하루를 맞는 일상이
기적인 것과 같은 특별함

꽃인 적도 없고
별인 적도 없는 나는
까맣게 빛나보고 싶은 밤이었을까

특별한 사람들은
내 이름 위에 쌓아 간 먼지들을
잊지 않고 거두어 주었고

그 기억이 빛나도록
꽃을 안겨 주고
별을 달아 주었다

가을 초입
하늘이 심해처럼 파랗다
쉼표 닮은 조각구름을 집었다,
기억하고 싶은 날이다

240830 화학연구원 특별상 수상

모래시계

거꾸로 흘러내린 모래시계
삼십 년 후에야 그 전설을 본다

유명세만큼 각인된 기억
위의 미래도, 흘러내리고 있던 현재도
모두 과거로 퇴적되어 굳어 있는

모래시계는 시간을 말하지 않는다
남은 양의 기회를 보여주고
비워져 가는 한판의 삶을 보게 한다

삼십 년, 드라마 후의 여운이나
생시가 같이 지나온 세월
이미 죽은 자들이 다시 살아나오는
오랜 과거가 오늘 같은 망각의 착시

나는 미래에서 온 사자가 되어
시계 속 남은 양의 모래와
배우들의 남은 생, 그 양을 재어 본다

드라마든 생시든 훤히 보이는,
남은 날이 조급한데 마지막회에서 조차
이루지 못할 욕망을 꿈꾸는 인간사

이번만 깨부수면 끝이 날 것 같으나
누군가 죽어야 끝이 날 배신과 복수
그 격동의 시대 이야기

모래시계 한판이 비정한 인생 같아
주인공에게만은 다시 거꾸로 몇 번,
복기의 기회를 주어보지만

짧은 생애, 누구에게나
바뀔 수 없는 운명이란 것이 있어
그도 역시, 모래시계 한판이었다

250707 드라마 모래시계

폭싹 속았수다

관식의 삶에서
담백한 색으로 꽉 채워진
직사각 면을 보았다

쉼의 여백 하나 없이
가난과 목숨 걸고 싸웠을
적막한 바다

뿌려놓은 사랑의 모종
그 씨앗들을 지켜 내야 했던
투박한 울타리 역(役)

애순의 시는
엄마(꿈)를 향한 파도였고
삶을 짓는 노래였다

살다 보니 이루어져 있는 꿈들
삶에 속다 보니 완성된 철학 같은
언어(言) 속에 시인이 되어있는 애순

누구나의 삶이기에
삶에 폭싹 속아 살았어도, 그 이면에
"대단히 수고하셨다"는 인삿말

뜨거운 박수갈채를 보내는
나의 삶에게, 공감하는 보통 사람들의
한 생을 본다

250506 폭싹 속았수다 드라마

감기, 회갑 년

오십 구 해 겨울, 그러니까
육십이 되기 전 겨울을 나기가
꽁꽁 언 강을 건너는 것보다
힘이 들었다

나이 육십이 되기 전, 그러니까
올 봄에 독한 감기에 걸렸다
목이 붓고, 창자가 끊어질 듯한
통증을 견디며 기침을 했다

아무것도 느낄새 없이
아프니까 견뎌 냈고
이겨 내니 음력 삼월 스무날
환갑(還甲)이다

내가 그 옛날 내 아버지가 되고
그보다 더 옛날의 조부가 되었다고?
말이 안 됐다, "말이 안 되지"
유수와 같은 시간, 바람 같은 세월이었구나!

아버지는 매년 농사를 지었지만
창고에 쌓아진 게 없었던 것처럼
나도 쌓은 것 없이 살았지만
아버지처럼 닮았는지 몸이 아프다

전투 장비보다 더 오래 쓴 몸이
더 살아내기 위해서 다시 기침을 한다
감기는 고통이면서
고비마다 생을 감별하는 통증이었다

기억도 가물거린 어느 삼월
엄니가 쥐여주셨던 꽃씨 한 줌
봄이 올 때마다 그날을 잊지 않고
잘 키워냈다

250320 육십 회 생일날(66년 말띠에게)

시와 공감

1판 1쇄 발행 2025년 10월 1일

지은이 박강현

교정 황윤   편집 정세화   마케팅 • 지원 이창민

펴낸곳 (주)하움출판사   펴낸이 문현광

이메일 haum1000@naver.com   홈페이지 haum.kr
블로그 blog.naver.com/haum1000   인스타 @haum1007

ISBN 979-11-7374-174-6(03810)